Stiller Widerstand

Ortwin Haertel

Bilder
Petra Klingemann

Poesie, die Kraft der Schwachen

Als ich zum ersten Mal einen Text von Ortwin Haertel aus seinem eigenen Munde hörte, erlebte ich einen Menschen, der ganz augenscheinlich eins ist mit seinen poetischen Texten. Die lapidaren, mit wuchtigen, zum Teil archaisch anmutenden Bildern angereicherten Gedichte drangen ungefiltert in mich ein, und ich erlebte die Geschichten tief in meinem eigenen Innern. Ortwin Haertel ist ein literarischer Autodidakt, was seine lyrischen Entwürfe spröde macht. Er ist jemand, der nicht selten die Regeln der Metrik oder die formalen Aspekte von Lyrik ignoriert. Doch wenn man seinen dichterischen Atem vernimmt, haben die vermeintlichen Regelwidrigkeiten keine Bedeutung mehr. Sie sind vielmehr Ausdruck seiner ungebeugten Weltsicht, in der Verzweiflung und Scham über die Zustände mitschwingen. Er ist ein Wahrheitssuchender und Utopist, der auf seinem Weg das Risiko des Irrtums nicht scheut. In seinen Texten gibt es kein Einrichten, weder in den Bildern der Mythologie, noch in denen der Realität.

Der wichtigste Gegenstand seiner poetischen Betrachtungen sind die Kinder, nicht nur die eigenen, sondern die der ganzen Welt, die glücklichen, vor allem aber die geschundenen. Deren Leid leidet der Dichter mit, und darum spricht seine unverblümte Poesie jeden Menschen an, der noch zu Mitgefühl fähig ist.

Ortwin Haertel ist ein Einzelkämpfer, gleich dem einsamen Sucher in der Wüste, und seine Texte richten sich an alle einsamen Sucher. So kann seine Poesie leisten, was wohl das wichtigste im Leben überhaupt ist: Sie kann die Menschen emotional zusammenführen. Das wird eine Kraft gebären, die für Veränderung taugt. Denn Poesie ist die Kraft der Schwachen, eine Kraft, die seit allen Zeiten die Menschen dieser Welt bessern konnte.

Frank Sporkmann
April 2006

Prolog

Trotz

Sich zu freuen an der Freude,
Obwohl die Welt ein Hauch von Tod bedeckt,
Sich mit Hoffnung zu bekleiden,
Obwohl an jeder Straßenecke ein Atom verreckt,
Noch ein Lied zu singen, das erfreut,
Auch wenn die Bäume und die Kinder langsam sterben,
Ersehnt mein Herz und will Abschied nehmen
Von der Trauer und ihren Erben.

Heimat

Leben

Hommage an Friedrich Nietzsche

Wie wir mit Netzen Schmetterlinge fangen,
So hasch ich nach der Ewigkeit.
Ein Wahnsinn ist dies Unterfangen,
Doch ich will Ewigkeit,
Will tiefe, tiefe Ewigkeit!

Antwort

Braucht der Stein eine Begründung,
Damit er sein darf?
Brauchen die Sterne eine Begründung,
Damit sie leuchten dürfen?
Braucht das Meer eine Begründung,
Damit es wogen darf?
Braucht die Blume eine Begründung,
Damit sie blühen darf?
Braucht der Vogel eine Begründung,
Damit er fliegen darf?
Braucht das Reh eine Begründung,
Für sein Leben im Wald?
Braucht der Bauer eine Begründung,
Damit er säen darf?
Braucht der Fischer eine Begründung,
Damit er fischen darf?
Braucht der Maler eine Begründung,
Damit er malen darf?
Braucht der Dichter eine Begründung,
Damit er dichten darf?
Brauche ich eine Begründung ...?

Rauchtee

Die Langeweile greift
Mit langen Fingern nach mir.
In meinem Hirn gähnt Leere,
Mein Bauch ist überfüllt mit Tee,
Bitter ist sein Geschmack auf meiner Zunge,
Gelb sein rauchiger Duft auf meinen Lippen,
Gelbbitter, wie meine Erinnerung an Dich.
Fern und verschwommen ist Dein Bild,
Unnahbar, wie die Existenz Gottes.
Aber meine Seele tobt und meinem Herzen graut
Vor dem Anblick des Bittergrundes,
Der vor mir aufbricht!
Denn Du bist fort, und
Unerreichbar ist Deine Umarmung.
Hell und leicht ist Deine
Gegenwart über mich hereingebrochen,
Jenseits jeder hasserfüllten
Ferne hast Du mich entzündet.
Jetzt aber bin ich nur noch ein Haufen Asche,
Der auf den Acker geworfen
Und untergepflügt wird.

O h u

Wie ein dunkler Gesang vom Tod,
Ein weißes, allmächtiges Blühen des Sterbens,
Ragt er auf in seiner kalten Schönheit und droht
Unserm kleinen geduckten Leben
                              grünenden Sehnens.

Still rauscht der Zug und rote Sitze leuchten,
Doch draußen unterm Grün
                              brüllt des Meilers Gestalt;
Vor meinen Augen, hinter dem Fenster, keuchen
Erstickte kleine Häuser und ihre Kirche
                              unter seiner Gewalt.

Bereit zu sterben beugen Bäume
                              trauernd ihre Zweige;
Ich sehe mich liegend im Gras,
                              träumend von meinem Tod,
Und hör in meinem Herzen ein Lied der Klage,
Auf den Wiesen zittern Gräser
                              ängstlich wie bedroht.

„Ohnmächtig lechzend nach dem Sterben,
                              uns selbst verächtlich,
Liegt über allem ein Hauch von unsrer
                              unerlösten Wut,
Ein Drohn, daß Gott nicht tot und
                              unser Wille göttlich!",
Denkt mein Herz und fühlt der Moleküle
                              wundes Blut.

Ohu: Ortschaft bei Landshut

Folter

Das Meer weint,
Und die Schiffe schmelzen
In der Glut der Grausamkeit,
Die über die Welt fährt.

Mensch,
Deine Tritte und Schläge
Erweisen Dich als Tier.
Wo bleibt Deine Menschlichkeit?!
Um mich ist nur
Elektroschock ersticktes Weinen!

Erbe

Ich bin Grab,
Ruine ist mein Herz.
Mein Fühlen ist abgestürzt,
Durch Hiroshima verglüht.
Der Wille zum Tod ist überall!
Wo kann meine Lust zu leben
Ein schützendes Dach finden?

Freyung

Des Winters Kühle
Durchwiegt mich,
Wenn klar
Der Himmel schweigt,
Die Sterne lächeln.

Weiß liegt
Auf den Wiesen.
Nächtliches Blau
Umwogt mich.
Kerzen leuchten
Göttlich.

Schwanenweiß
Ist die Nacht
An meinem Lebensfluß.
Musik schwebt
Durch den Raum.
Von Gottes Kuß
Singt meine Seele!

Friede

Am Himmel erblühen
Die Atompilze,
Und an den Tannen
Vor der Kirche
Reifen die MG's.

Ich sehe Penner
Durch den Schnee
Vor unserem Haus
Kriechen,
Und aus den Fenstern
Unserer Nachbarn
Wächst der Geiz.

„Wo sollen wir hin
Mit unserem Leben!",
Rufen die Kinder.

„Ich, Ich, Ich!",
Rufen die Soldaten
In den Schützengräben.
„Du, Du nicht."

„Jesus ist für uns gestorben!",
Singts vom Altar.
„Last uns töten!",
Singts vor den Biertheken.

Seht, seht her
Es Weihnachtet sehr!

Erlkönig

Die Gassen

In den Gassen schreiten Soldaten,
Über den Schultern tragen sie Tod.

In den Gassen spielen die Kinder
Mit Besenstielen erwachsenen Krieg.

Tod über der Schulter schreiten
Soldaten in den Seelen auf und ab.

Luftangriff auf Bagdad

Mein Fühlen schweigt, mein Herz steht still,
Der Tod hält tief gezwungen reiche Ernte;
Nacht steigt herauf, wo sonst das Licht erwacht,
Dem Grauen folgten wir auf seine dunkle Fährte.

Angst gegen Angst

Die Blätter fallen sterbend von den Bäumen,
Der Sommer sehnt sich stürmend in den Tod,
Der Winter naht den altvertrauten Räumen,
In denen Kälte unserm Leben droht!

Wo bist Du hingegangen, Friede?
Liebe, sag, wo liegt Dein Sarg?
Haß entzündete die heißen Kriege,
Weil nirgendwo ein Herz mehr Hoffnung barg.

Das Türkenmädchen, das ich liebte,
Es liegt im Straßengraben, blutbefleckt;
Der Mann aus Kamerun,
Dem Folter das Gesicht zersiebte,
Dem wünschen Angstbesessene: „Verreck!"

Absätze stapfen wütend durch die Nacht, unerbeten.
Auf meine Hände tropft der Freiheit Blut.
Ich schrei die Stiefel an, die mein Gesicht zertreten!
Meine Arme küssen jetzt das Fremde voller Glut.

Sainab

Vor Deinen Wunden
Beuge ich mein Haupt
In den Staub zu Deinen Füßen.
Ich wollte, Christi Lippen
Hätten Dich berührt
Durch eines Menschen Mund;
Stattdessen brannte Dich
Der satte Bauch
Und leere Geist
Eines Deutschen, der
Nicht mehr glaubt
An die Kraft der Liebe,
Die umarmt.
Hasserfüllte Herzen
Haben mit Angst und Ekel
Das Kreuz verbogen
Zu Fleischerhaken!
Das Hakenkreuz in unsren Seelen
Ist nach sechsundvierzig Jahren
Der Befreiung
Immer noch nicht
Zurechtgebogen
Restlos.

Disco „Deutschland Imperial"

O mein Vaterland,
Was bist du immer noch verseucht
Vom Geist der Unmenschlichkeit,
Wenn zwischen hohen dunklen Tannen
An rauschenden Wassern
Unter schneebefreiten Blumen
Mir Todesdrohungen blühn,
Weil es hier immer noch Herzen gibt,
Die abgrundtief hassen (auserwählt),
In Seelen, die sich immer noch
Gaskammern wünschen für jene,
Die nicht Übermenschen sind:
Rasend rauschend nach Macht,
Für jegliches Fühlen fühllos blind.

Jetzt

Jetzt heißt es
Die Menschlichkeit festigen,
Unsere Liebe stärken,
Damit sie überlebensfähig wird,
Denn jetzt grünen schon
Die Neutronenbomben am Himmel!

Menschen

Oben am Hügel
Über der Stadt
Lächelt ihr Haus
Weiß zwischen Tannen.

Lachend und schwatzend
Treibt ihre Arbeit
In Ruhe dahin,
Türmen sich sicher
Berge von Holz.

Dort zwischen Bündeln,
Scheiten und Spänen
Lachen sich Zwei,
Strahlend wie Kinder,
Liebesworte zu.

Sie sind behindert,
Sie sind verworfen,
Stöhnend geduldet,
Abseitsverwahrt.

Karin

Sein Reisigbesen

Gewidmet dem Geistigbehinderten Alois

O mein reisig kleiner Besen,
Sei mein Heiligtum, Du bist!
Ruhst in meiner Hand Du sanft.
Sauber meinem Willen kehrend,
Herzt Du meinen Narren nicht.
Brüllst nicht meine Tränen über,
Schlägst nicht meine Hand zum Zwang.
Du mein Freund, Du reißt nicht nieder,
Du mein reisig kleines Heiligtum!

Psalm

Warum hast Du mich verlassen, Sonne, dunkle?
Meine Seele in die Lebensleere,
Todesfülle des Alls geworfen?

Die Krallen des Abgrunds zerfetzen mein Herz,
Meine Seele erstickt in den letzten Wänden der
                                    Atome.
Mit Leichen bestickt sind mir die Frühlingswiesen.

Hilf mir glühender!
Ich sehe Dein Licht nicht mehr.
Blind treib ich zwischen Müllhalden
Letzte Helden, mutige Blumen suchend,
Die auf radioaktiver Erde blühen;
Ich, von Bierdosen, Waschmittel, Altöl säenden
                              Händen beherrscht.

Dieser Macht bin ich nicht gewachsen,
Gelähmt durch den Strom meiner maskierten
                                    Tränen.

Erlöse mich!
Reich mir einen Blütenkranz unverletzter Moleküle,
Einen ewig jungen Strauß blühender Wälder.

Hoffnung

Heute haben wir
Den Krieg
Zu Grabe getragen.
Sechstausend Cäsaren
Haben geweint.

Erleichtert hat der Tod
Mir die Hand gereicht:
„Ich bin befreit!
Die Narben aus meinem
Gesicht sind verschwunden.
Jetzt bin ich wieder, was ich war!"

Heute haben wir
Den Krieg
Zu Grabe getragen.
Sechstausend Nationen
Jubelten laut!

Silvester

Regenbogenfarben weint die Sonne herauf,
Über allen waldbewohnten Bergen am Abend.
Kerzenschein tröstet adventlichwarm im Zimmer,
Draußen strahlen Leuchtraketen heldenhaften Sieg.

Auf der Wiese weint der Schnee zertreten,
Übermütige Kinderfüße klagt er an.
Auf der Fensterbank grünen Kakteen erlöst
Von der Winterkälte des Krieges.

Regenbogenfarben weint die Sonne herauf,
Leuchtraketen strahlen heldenhaften Sieg;
Ich träume in den Winter hinaus,
Desertiert nach Bethlehem.

Entscheidung zum Zivildienst

Stiller Widerstand

Hier bin ich wieder,
Ihr magischen Berge,
Ihr grün donnernden Tannen!

Dunkel liegt Ihr da,
Wolken bedeckt.
Gierig schreit ihr,
Nach Regen und Leben.

Unter jeder Wurzel
Ruht Balders Kopf verborgen,
Voller Sehnsucht nach der Sonne.
Und der böhmische Wind
Verstürmt Lokis hämisches Lachen.

Der Mistelzweig vermodert
Zu lebenspendender Erde für morgen;
Auch tausend Kilometer Stacheldraht
Können das nicht hindern.
Wie ein Schwert zerschneiden
Sie die Täler, und Tränen fließen
In den Bächen zu Tal.

Ja! Hier bin ich!
Ihr magischen Berge,
Ihr grün donnernden Tannen.
Aus Asien heilige Erde
Bringe ich Euch,
Wie ein Sämann säend,
Tausend Kilometer Stacheldraht
Zu zergrünen
Unter den Strahlen der Sonne.

Balder: Germanischer Lichtgott
Loki: Germanischer Prometheus, Gegenspieler Balders

Über Gegensätze

Komm Herz, komm Seele!
Hegen wir Rosen
Auf dem Sinai.

Brot und Wein berühren sich.
Über Wasser und Land
Leuchtet die Menora.

Ich warte am Tower,
Warte, dass Du
Über Barrikaden gehst
In Dublin und Dich
Nicht umdrehst
Wie Lot's Frau.

Tolon

Vor kindlich plätschernden Wellen des Meeres
Zerzauste, halb verhungerte Hunde und Katzen
Zu füttern, erblüht Dir ein goldenes Lächeln,
Ein Sommerstrahlen Deines Herzens, auf Deinen
                                        Lippen.
Ein alter braungekleideter Mann,
Sitzt in der Morgensonne
Vor seinem grellweiß gestrichenen Haus,
Flickt gelbe Netze,
Erzählt schweigend von der Mühe seines Lebens,
Während im flutnassen Sand
Grausam rote Coladosen grinsen.

Wir gehen Hand in Hand am Strand
Im morgenkühlen Wind,
Wir spüren wohlig warm
Die Glut griechischer Sonne
Auf den Schultern,
Vorbei an kräftig dunkelgrünen Bäumen
Hinter blauen Gartenzäunen
Pocht Liebe durch unsere Adern,
Und golden lächelt es
In Deinem und meinem Herz.

Galata Köprüsü

Es gähnt die Brücke in ihrer Weite
Über das spielende goldene Horn.
Es gähnt die Brücke in ihrer Weite,
Verschlafen ziehn über mir die LKWs,
Gelassen vor mir treiben die Schiffe.
Ich lausche ruhig türkischer Musik.
Ich blicke zu Dir hinüber, Aya Sofya!
Unter der Brücke, in ihrer Weite.

Heftig tobt Leben, wogt der Bosporus.
Überall ist Vergänglichkeit und Schmutz,
Entblättern alte Holzhäuser in die Ewigkeit.
Fäuste krallen sich fest, bekriegen sich
Um einen weißen Mercedes;
Vor der Brücke, in ihrer Weite.
Friede dampft aus den Teegläsern,
Dem jungen Mann und mir, seinem Gast,
Dort unten, wo die Brücke gähnt, in ihrer Weite.

Istanbul! Istanbul!
Verlier nicht Dein Gesicht!
Verlier nicht Deine Moscheen,
Verlier nicht Deine Kirchen,
Deine goldenen Teegläser,
Die so warm gastfreundlich dampfen
Über rauen kalten Rolltreppen und
Sterbenskranken Wellen,
Verlier nicht die Menschen, die sie benützen,
Islamchristopolis!

Die Liebenden

Wenn zwei Welten sich umarmen,
Und Ferne sich zu Nähe fließt,
Regnet es das göttliche Beginnen,
Das liebend sich aus Kreuz und Grab ergießt.
O, mögt Ihr niemals Euern Kuss vergessen,
Der Feuer in das Eis der Ängste schießt;
O, mögt Ihr immer Eure Lippen
Aneinander pressen
Im Rhythmus, der lebendig
Aus Afrikas Erde sprießt!

An der Tschechischen Grenze
vor den drohenden Türmen des
verbotenen Landes.

Seht her,
Hier ist das Land,
In dem Hölderlins Geist weht
Wie das Gebet in
Einer dunkelroten Kirche.

Drüben,
Auf der anderen Seite des Tales,
Wogen die braunen Hänge
Und weinen einsame Apfelbäume
Um ihre Menschen
In freiem, kaltem Wind.

Und überall, wohin Du siehst,
Hungern die Wälder
Nach ihren Menschen,
Deren Blut unterm Moos
Unheimlich dampft
Und ihre Rückkehr beschwört.

Doch noch nie hat jemand
Den Tod besiegt!

Der Wald

Sieh das Morgenrot!
Sieh die Raben über Weizen wogen!
Sieh die dunklen Wälder toben!
Sieh! Morgen, morgen blüht der Tod!

Landschaft

Ich hab Dich gern, ich hab Dich lieb!
Jeden Tag bin ich der Zeit ein Dieb,
Um sanft in Deinem Arm zu schlummern,
Um liebkosend Dich mit Küssen zu bewundern.

Dein Kind

Schwarze Bäume auf dem Berg
In aufbrechender Nacht.

Auf verschlungenen Wegen des Lebens
Woge ich unruhig.

Es schreit meine Seele:
Ich bin! Ich bin!

Entfremdung

Du bist es, Du Schöne,
   In Deutschland
Unter den Linden, Verkäuferin
   In Deutschland.
In meinem Rücken trennt die Mauer
   In Deutschland,
Uns beide Bruder und Schwester
   In Deutschland.
Keine Sehnsucht hilft uns umarmen
   In Deutschland,
Gewehre, Granaten töten jedes Gefühl
   In Deutschland.
Ja, die Braut ist vom Bräutigam getrennt!
   In Deutschland.
Sag, wann könnte die Hochzeit sein?

Berlin 1975

Reformation

Wenn wir vereint sind,
    wollen wir tanzen und singen!
Wenn wir vereint sind,
    wollen wir mit Palmen und Weiden
    unsere Häuser schmücken!
Wenn wir vereint sind,
    wollen wir brüderlich teilen,
    was wir verloren, was wir erreicht.
Wenn wir vereint sind,
    wollen wir einen neuen Garten pflanzen,
    ohne Mauern, Stacheldraht und Mienen.
Wenn wir vereint sind,
    wollen wir Menschen sein,
    glauben, uns bescheiden und lieben.
Wenn wir vereint sind,
    lasst uns die Völker warnen:
    was uns geschehn, soll nie mehr sein!
Uns verpflichtet der Mensch in uns.

Wenn Du redest, wenn Du lachst,
Blühen alle Blumen des Frühlings
In Deinen Augen, heraus zu mir
Mit all der Farbenpracht Deiner Seele!
Draußen vor den Fenstern fallen
Von den Bäumen Blätter reif,
Mächtig kündigt sich der Winter an,
Doch aus Dir strahlt
Des Sommers Wärme ungetrübt!

Ah bilep ik,
Kleiner Du,
Sag mir: Wer bist Du?
Im Dunkel verborgen
Drängst Du in den Morgen
Deiner Geburt;
Die Leid Dir schenkt und Licht,
Damit wir von Angesicht zu Angesicht
Uns als Menschen erkennen.
Ah bilep ik, kleiner Du,
Sag mir: Wer bist Du?

Ah bilep ik (Maya: Der Neun Monde Mann: das Neugeborene)

Heimkinder

Fremde Kinder

Ein harter Tag,
Eine schwere Zeit,
In der Luft liegt Wut,
Tränen kleben an der Wand.
Die Kinder peitscht die Not.

Bedroht fühlen sich ihre Herzen;
Dein Lachen ist noch unbekannt,
Noch unerkannt ist Deine Trauer.
So hängst Du zwischen Früh und Spät
Und erntest Ängste, die Du nicht gesät.

Ablehnung

Lehr mich das Kämpfen
In diesem tränenreichen
Ring der Leidenschaft, Kind.

Lehr mich das Kämpfen,
Eng umschlungen, ohne Krallen,
Um Zeit und Raum für Dich, Kind.

Lehr mich das Kämpfen
Im Hier und Jetzt,
In das wir geworfen.

Und ich lehre Dir,
Blumenreich Deine zarten Hände
Zu gebrauchen, Kind.

Sterbendes Lachen

Mit Feuer geht jeden Tag die
Sonne Deines Lachens über Deinen
Bittren Lippen auf. Jeden
Tag geht ihr Licht unter in
Den dunklen Wolken Deiner Wut.

Saure Regen des Neides prasseln
Nieder auf meine Seele,
Einsam und still.
Weil ich nicht Deinen Willen will:
Kinder verloren in
den kahlen Räumen der Liebe.

Ich nahm ihre Herzen
In meine weiten Arme.

Materialismus

Ich kann das Recht
Nicht meinem Fühlen beugen,
Ohnmächtig steh ich
Vor Dir ohne Zeugen.
So ist es der Leib, der Dich geboren,
Der meine Liebe beugt;
Rechtlos ist mein Kuß,
Denn er hat Dich nicht gezeugt.

Dort und hier!

Blühe Rose, schönes Kind!
Über Stock und Steine weht der Wind.
Fließen dicke Tränen über Deine Wange,
Sei nicht bange,
Sieh die Sonne lacht durch Blatt und Zweig!

Ist die Mutter noch so ferne,
In tiefer Nacht leuchten tausend Sterne,
Winken Dir in tiefer Ruh
Küsse zu,
Wenn in Deinem Bett Du träumend schläfst.

Mit den Kindern tanze, springe, spiele!
Auf der Schaukel schaukle voller Liebe!
Bis der Himmel strahlend lacht,
Voller Pracht,
Über Waisenhaus und Park für Dich!

Ein Stück von meinem Herz

Der Frühling ist da,
Der Frühling!
Blonder Knabe lache,
Denn Frühling ist!
Ich geb Dir ein Stück
Keimende Lebenskraft
Mein Kind,
Ich will tanzen,
Denn Frühling ist!
Ach laß den Winter weinen,
Denn Frühling ist!
Über nackte braune Erde tanzen wir,
Denn Frühling ist!
Schau die kahlen Bäume
Klatschen uns Beifall
Mit ihren Ästen.
Frühling ist!
Lache blonder Knabe!
Denn Frühling ist!
Ich umarme Dich!
Sieh die Sonne lacht!
In dunkelblauer Nacht
Singen uns sogar die Sterne.
Deine Augen wollen
Springen vor Glück!
Die Tränen unserer Herzen
Lassen wir zurück
In den Händen unsrer
Schrecklich dunklen Mütter.
Frühling ist!
Ach laß den Winter weinen,
Ich schenke Dir
Ein Stück von meinem Herz!
Über nackte braune Erde tanzen wir,
Denn Frühling ist!
Lache blonder Knabe, lache!

Mario und Stephan

Der Gruß

Später Reif glänzt
Auf den Wiesen,
Golden schimmert in den Zweigen
Letztes Laub.
Ich stehe in der Tür,
Meine Hände winken Dir zu.
Ungläubig lächeln Deine Lippen
Im dunklen Gang.

Nach Tschernobyl

Leid klagt die Welt,
Tief beugen Weiden ihre Äste.
Du stehst am Fenster und siehst gequält
Im Park die Vögel singen – letzte Reste.

Hinter Dir schläft die Küche kalt und finster,
Am Himmel ziehn verfaulte weiße Wolken düster,
Vor Dir steigt und sinkt das Thermometer finster,
Das Leben pocht ein letztes Mal Geflüster.

Mit Vögeln, Blättern, Wolken zu vergehn
Ersehnt Dein Herz und lächelt bitter,
Während Sonnenstrahlen in Deinem Haar zergehn,
Glühend wie mein Arm auf Deiner Schulter,
Ein strahlend sehnender Blitz in dunklem Gewitter.

Nähe

Ich küsse Deine Dunkelheiten,
Auch Deine zornig schönen Grausamkeiten;
Ich will, dass zwischen Dir und mir
Friede sei, in Deinem Herzen.

Doch mit allen Tiefen Deiner Seele
Sehnst Du Dich
In die Ferne, ohne Ruh
Deinem blassen Vater zu.

Ukrainische Mutter

59

Bitteres Erwachen

Die Sehnsucht Deiner Träume
Hat sich nicht erfüllt,
Dein Vater ist kein König,
Der vor Reichtum überquillt.
Entsetzt bist Du in seinem
Verwilderten Garten erwacht,
Nirgendwo siehst Du ein Dach,
Das Deine Ängste bewacht.
Unter schmalen Blättern ist
Dein Bett ein Haufen Stroh,
Deines Vaters Hände sind leer.
O, es quält Dich so!
Aus der Wüste Deiner Mutter,
Ihrer Hitze glücklich entflohn,
Siehst Du nun kalten Regen
Deine Seele bedrohn.

Das Recht

Bitter schmeckt der strahlende Tag,
Da Ihr Beide von uns geht
Ihr Frühlingskinder.
Mit Schmerzen haben wir Euch lieben gelernt,
Nun reißt Euch wieder in seine
Stürmenden Arme der Winter.

In den Gärten unsrer Arme
Dürft Ihr niemals reifen,
Denn wilde Früchte unsrer Körper
Seid Ihr nicht.
Niemand zählt für Euch
Den Herzschlag unsrer heißen Küsse,
Denn nur der Mutter Kälte zählt,
Unser Lieben jedoch nicht.

So fließen denn die Tränen
Still im Innern,
Und unser Fühlen singt
Ein einzig: „Lebet wohl!"
Wir hoffen sehr,
Ihr möget glühend reifen,
Und Eures Winters Kälte
Tränke sich mit Sommer voll.

Abschied

Langsam fallen Federn nieder,
Sekunden aus der Zeit Gefieder.
Ich seh Dich an, ich freue mich,
Denn heute noch umarm ich Dich!
Doch morgen, morgen kommt der Tag,
Da ich ein letztes „Du" Dir sag.

Seven Güller*

Blühe mein kleines Mädchen, blühe zart,
Gib acht auf Dornen, sie stechen hart,
Sonst tropft Dein Blut ins dunkle Gras,
Sonst versinkt Dein Herz in bittrem Haß.

Aber Du sollst glühen, blühen tausendfach,
Breiten Deine Blätter über Feld und Bach,
Folgen dem Wasser, strömen überreich,
Fließen Dein Leben, Gottes Engeln gleich!

Drum schlafe mein kleines Mädchen, schlafe süß,
Träume in Frieden Gottes Paradies,
Wie wir mit Dornen ängstlich im Ewigen stehn,
Wie liebend seine Hände unsern Zorn umwehn.

*Liebende Rosen

Hortkinder

Gaia

Fremde Nähe

Bitte zügle Deinen Zorn,
Halte Deine Macht im Zaum,
Lebe die Gefühle, die schweben
Zwischen Dir und mir!

Doch die Angst, die uns umfängt,
Läßt uns nicht empfinden,
Mitten unter unsren fremden Welten,
Den Menschen, der uns fehlt.

Lebenszweifel

Hörst Du den Frühling singen,
Spürst Du, wie er klingt in Dir?
Merkst Du, wie Gut und Böse um Dich ringen
Und die Ewigkeit dunkel flüstert in Dir?

Atme tief die frische Luft
Und trink die Farbe der Blumen;
Laß die Freude in Dein Herz,
Den Spott, die Trauer und Wut
Aber in der Wüste wohnen!

Erwachsene

Ich habe Angst vor diesen Kindern,
Die keine Kinder mehr sind,
Nur ängstliche Schreie der Wut
Und ziellos treibende Blätter im Wind.

Ich habe Angst vor diesem Haus,
Seinen Intrigen und leeren Gefühlen,
Den kalten Zimmern der Einsamkeit,
Den Kollegen, die in meinen Schwächen wühlen.

Tänzer

Verlust der Mutter

Komm Mensch, schau hin,
Da läuft Abd-el-Rahman's Jasmin,
Sie saust zu ihres Vaters Haus.
Mit ihrer Ruhe ist es aus:
Sie ist ein Vogel,
Der aus dem Nest vertrieben!
Wer hilft ihr fliegen?
Wer hilft ihr siegen?
Sie wünscht sich Arme,
Die nicht lügen!

Hilflos

Ich weiß nicht, was soll ich tun,
Tag für Tag
Schlägst Du mir laut schreiend
Deine Qual ins Gesicht:
Er, den ich von Herzen liebe,
Schlägt mich fast tot,
Morgen für Morgen,
Ohne Barmherzigkeit,
Tag für Tag;
Und wenn ich wimmere,
Schmerzerfüllt,
Tief in meiner Not,
Ist nur tatenloses Schweigen
Um mich her.

Höre, lebendig!

Weine nur mein liebes Kind,
Durch die Bäume streicht der Wind,
Wo strahlende Blüten duften lind.
Er weht die Träume in Dein Herz, der Wind,
Von unerfüllter Hoffnung, tiefer Freude und großem
Schmerz;
Sein Flüstern trägt Deine Tränen himmelwärts, der
Wind;
Wie Gottes Stimme, die will: lebendig Dich mein
Kind!

Einsam

Pflegekinder

Die Pflegefamilie

Ich liebe Dich meine kleine
Zerbrechliche künstliche Familie,
Jeden Tag
Umarme ich Dich gern;
Trotz aller zerstörerischen Triebe,
Bleiben wir einander nicht ganz fern.
Hier sind wir da
Und sagen zueinander ja,
Wenn manchem von uns auch
Der Zweifel plagt,
Und er sich fragt,
Ob er der Liebe
Nicht lieber widersagt,
Weil ihm vor dem Tage graust,
An dem wir alle
Nicht mehr sind.

Anblick

Durch des Fensters reinem Glas
Sahen wir Dich
Im Garten fröhlich springen;
Hinter Mauern verborgen
Blickten wir Dich an
Und spürten noch nichts
Von Deinem ängstlich klagenden Singen.

Rettung

Flüstre leis nur von den dunklen Stunden,
Die die Zeit zerstreute, über alle Wunden.
Aus des Todes Hand riss sie Dein Leben
Durch unsern Kuss, um Dich Dir zu geben.

Einsatz des Lebens

Es könnte sein, dass meine Stärke
An Deiner Schwäche zerbricht,
Dass das Gewicht Deines Leides zu tragen
Es meinen Händen an Kraft gebricht,
Weil auch in meiner Seele Wunden schwelen.

Warum

Nähe der Fremden

Wenn Deine Wange sich an meine schmiegt
Und zärtlich unser Fühlen zueinander fliegt,
Schmiegen unsre Herzen sich voll Freude an
Mit tiefer Liebe, die uns niemand nehmen kann,
Mein Baby; durch keinen Schmerz und keinen Zorn.

Mein Herz schlägt Dir entgegen,
Meine Liebe regnet schüchtern,
Ausgedörrt liegt Deiner Seele Erde,
Deine Hände wehren jeden Regentropfen ab;
Ich weiß, dass ich Dich liebe,
Weißt Du, ob Du mich magst?

Mein Pflegesohn

Nicht gezeugt und
Nicht geboren, aber
Heiß und innig geliebt
Von uns bist
DU.

Kinderzimmer

87

Leiblich

Ich bin stolz auf Dich!
Du bist in die Tiefe
Deines Schmerzes getaucht
Und hast der Wahrheit
Ins Gesicht gesehn,
Ohne zu wissen:
Werd ich ihr widerstehn?!
Du hast ihr gesagt:
„Ich weiß nicht,
ob du mich liebst,
Denn jeden Tag vergisst Du,
Dass es mich gibt!"

Ich verbiete Dir, mich zu lieben!
Was ich lieben lernte, ist der Hass,
Das Nein zu jedem Ja, das will,
Was Du nicht willst: vergehn!
Eine Lüge ist mir jeder Kuss,
Nur Schrei nach Ordnung, nur Dein Muss!

Ich verbiete Dir, mich zu lieben!
Was ich lieben lernte, ist der Hass,
Das Nein zu jedem Ja, das will,
Was Du nicht willst: vergehn!
Ich will nicht Leben, nicht bestehn,
Kein Kuss von Dir soll mich umwehn!

Hilflos

In meinen Augen drohn die Tränen.
Alle Hoffnung ist dahin.

Ich wollte, dass mein Fühlen
Dich das Leben lehrt,
Aber Dein Wille hat
Meine Küsse zu Hass verkehrt.

Ich bin in Deine Not versunken!

Geburt

Jeder Kuss von Dir auf seiner Stirn
Zeigt mir immer wieder klar,
Dass nicht ich es war, der ihn gezeugt,
Dass nicht meine Frau ihn geboren;
Doch in meiner Seele wogen verloren
Tag für Tag die Wehen meines Fühlens,
Die ihn in unser Herz geboren!

Das ist das Ende,
Ich hebe flehend meine Hände:
Ich weiß mir keinen Rat,
Alle Hilfe schweigt vor Deiner Tat,
Die an jedem Tag zerstört,
Was am Morgen noch an Hoffnungen
Verzweifelt hat versucht zu dämmern.
Alle Liebe schweigt in meinem Innern,
Gefühle, die ich einst für Dich empfunden.
Siegreich hast Du alle Nähe überwunden.

Der Wunsch

Auch wenn ich Dich nicht lieben kann,
Selbst nicht verhalten,
Meine Augen möchte ich weiter
Schützend über Dich halten,
Damit Dein Hass Deine Seele
Nicht ganz zerfrisst,
Und die Welt, als wärst Du nie gewesen,
Dich nicht vergisst,
Bevor Du nicht einen Becher voll von
Deinem bittren Lebenswein getrunken.

Augenblick

Wenn Dein Zorn mit meinem Zorn
Für einige Sekunden und Stunden
Frieden schließt durch unser Lachen,
Gehen unseren gequälten Herzen
Goldene Blumen des Kind- und Vaterseins auf!
In solchen Augenblicken bin ich glücklich,
In ihnen werden dunkelblaue Tränen des Trostes
                                        geboren,
In ihnen wird mein Schoß zum Thron,
Und Du bist ein Prinz immerwährender Hoffnung,
Die glüht, immer dann, wenn
Unsere Abgründe uns am tiefsten gähnen!

Alter Ego

Das Angebot

Ich kann Dir mein Lächeln schenken
Und meine Küsse Dir reichen,
Doch meine Liebe begreifen
Kannst nur Du allein.

Lebensfreude

Es ist so schön
Dir beim Spielen zu zusehn,
Wie Deine kleinen Hände
Lebhaft durch die Dinge gehn!
Ich spüre förmlich
Deiner Seele Lachen,
Ihrer Freude Glut –
In meinem Herz!

Weih-nachten

O wie freu ich mich, da Du Dich freust!
Da heute Deine Seele hell erklingt,
Da keine Angst und keine Wut Dir Trauer bringt.
Zum ersten Mal in Deinem Herzen Freude singt!

Freude

Ich hätte nie geglaubt, dass Du
Dich je noch einmal zu uns bekennst
Und uns Deine Familie nennst!
Ich bin weinend seelig, dass ein Tropfen
Unsrer Liebe doch in Deine Seele drang.
Mir war schon bang, dass all die
Mühe und die Qual, Dir
Dein Leben lebendig zu erhalten
Durch unsern Zorn,
Umsonst gewesen ist.

Epilog

Io credo

Unsere Familie sind alle, die wir lieben,
Und jeder, der uns wiederliebt,
Mit Leib und Leben gehört dazu.
Kein Gen, auch wenn es noch so stark,
Kann uns Geborgenheit und Wärme geben,
Wenn uns nur Macht und Hass umgibt.
Es ist Familie nur da, wo wir geliebt
Und wiederlieben!

Inhalt

Heimkinder

Hortkinder

Pflegekinder

Epilog

Ortwin Haertel

Geboren 1956 in Freyung im Bayerischen Wald.
Auf Wunsch der Eltern 1973 Ausbildung zum Landwirt. Zur
persönlichen Neuorientierung 1979 kulturelle und literarische
Studienreise durch Südeuropa per Autostop. Nach den
Erfahrungen im Zivildienst 1980 Umschulung zum Erzieher.
Arbeit mit Behinderten, Heim- und Hortkindern. Seit 1985 als
Erzieher in München tätig. Lernt in der Heimarbeit seine Frau
Claudia kennen. Heiratet sie 1986, ist seit 1990 Vater von drei
Pflegekindern und seit 1994 Vater einer leiblichen Tochter.
Schreibt lyrische Reflexionen und Märchenkompositionen über
und für die Menschen seines privaten und beruflichen Umfeldes
und sich selbst. Veröffentlichte einzelne Gedichte in mehreren
Anthologien. War mehrmals Mitglied in literarischen Zirkeln.

Petra Klingemann

Geboren 1940 in Breslau, verheiratet mit Jochen. Lebt seit 1971
in München.
Schon als Kind verzierte sie Briefe für Verwandte und Freunde
mit kleinen Zeichnungen; später auch Liebesbriefe.

Die Künstler sind Mitglieder des Bentlager Kreises.

Impressum

© by Ortwin Haertel
© Bilder Petra Klingemann

Erstauflage 2006
Umschlaggestaltung und Layout: Theresia Teck
Herstellung und Verlag: Books on Demand GmbH, Norderstedt

ISBN 3-8334-4959-4